BEI GRIN MACHT SICH IHR WISSEN BEZAHLT

- Wir veröffentlichen Ihre Hausarbeit, Bachelor- und Masterarbeit

- Ihr eigenes eBook und Buch - weltweit in allen wichtigen Shops

- Verdienen Sie an jedem Verkauf

Jetzt bei www.GRIN.com hochladen und kostenlos publizieren

Bibliografische Information der Deutschen Nationalbibliothek:

Die Deutsche Bibliothek verzeichnet diese Publikation in der Deutschen Nationalbibliografie; detaillierte bibliografische Daten sind im Internet über http://dnb.d-nb.de/ abrufbar.

Dieses Werk sowie alle darin enthaltenen einzelnen Beiträge und Abbildungen sind urheberrechtlich geschützt. Jede Verwertung, die nicht ausdrücklich vom Urheberrechtsschutz zugelassen ist, bedarf der vorherigen Zustimmung des Verlages. Das gilt insbesondere für Vervielfältigungen, Bearbeitungen, Übersetzungen, Mikroverfilmungen, Auswertungen durch Datenbanken und für die Einspeicherung und Verarbeitung in elektronische Systeme. Alle Rechte, auch die des auszugsweisen Nachdrucks, der fotomechanischen Wiedergabe (einschließlich Mikrokopie) sowie der Auswertung durch Datenbanken oder ähnliche Einrichtungen, vorbehalten.

Impressum:

Copyright © 2017 GRIN Verlag, Open Publishing GmbH
Druck und Bindung: Books on Demand GmbH, Norderstedt Germany
ISBN: 9783668500938

Dieses Buch bei GRIN:

http://www.grin.com/de/e-book/371919/beweglichkeitstraining

Christian Hölldobler

Beweglichkeitstraining

Trainingslehre III

GRIN Verlag

GRIN - Your knowledge has value

Der GRIN Verlag publiziert seit 1998 wissenschaftliche Arbeiten von Studenten, Hochschullehrern und anderen Akademikern als eBook und gedrucktes Buch. Die Verlagswebsite www.grin.com ist die ideale Plattform zur Veröffentlichung von Hausarbeiten, Abschlussarbeiten, wissenschaftlichen Aufsätzen, Dissertationen und Fachbüchern.

Besuchen Sie uns im Internet:

http://www.grin.com/

http://www.facebook.com/grincom

http://www.twitter.com/grin_com

Deutsche Hochschule für

Prävention und Gesundheitsmanagement

Hermann Neuberger Sportschule 3

66123 Saarbrücken

Einsendeaufgabe

Fachmodul: Trainingslehre III

Studiengang: BFÖ

Datum
Präsenzphase 24.04.17 – 26.04.17

Name, Vorname: Hölldobler, Christian

Studienort: **München**

Semester: **SS 15**

Inhaltsverzeichnis

1 TEILAUFGABE 1 – PERSONENDATEN..3

2 TEILAUFGABE 2 – BEWEGLICHKEITSTESTUNG...3

3 TEILAUFGABE 3 – TRAININGSPLANUNG BEWEGLICHKEITS-
TRAINING...5

4 TEILAUFGABE 4 – TRAININGSPLANUNG KOORDINATIONSTRAI-
NING...8

5 TEILAUFGABE 5 – LITERATURRECHERCHE...11

6 LITERATURVERZEICHNIS..12

7 ABBILDUNGS- UND TABELLENVERZEICHNIS..12

7.1 Tabellenverzeichnis..12

1 Teilaufgabe 1 – Personendaten

Alter:	34
Geschlecht:	Männlich
Körpergröße:	180 cm
Körpergewicht:	78 kg
Trainingsmotive:	Beweglicher werden um im Büro wieder befreiter zu arbeiten
Berufliche Tätigkeit:	Büro (meist täglich 8 Std. sitzende Tätigkeit)
Aktuelle und frühere sportliche Aktivitäten:	Fußball im Alter von 11 bis 18 Jahren
Zeitlicher Verfügungsrahmen:	3 Einheiten je 30 Minuten pro Woche
Orthopädische und internistische Probleme:	keine
Ärztliche Behandlungen:	keine
Einnahme von Medikamenten:	keine
Sonstige gesundheitliche Einschränkungen:	keine

Tab. 1: Allgemeine Personendaten

Unser Kunde hat durch seine Arbeit einen sehr bewegungseingeschränkten Tag von zu meist 8 Stunden sitzender Tätigkeit. Dabei hat er selbst deutliche Beweglichkeitsdefizite bemerkt. Diese möchte er mit Hilfe von Beweglichkeitstraining mindern. Es gibt keine gesundheitlichen Einschränkungen oder ähnliches, welches das Training beeinflussen könnte.

2 Teilaufgabe 2 – Beweglichkeitstestung

Getestete Muskulatur	Detaillierte Beschreibung
Brustmuskulatur (M. pectoralis major)	Der Proband nimmt eine Rückenlage auf der Behandlungsliege ein. Die Beine sind zur Beckenfixierung angewinkelt, die Füße haben Kontakt mit der Auflagefläche. Der Tester fixiert den Thorax durch leichten Zug mit der Hand in diagonaler Richtung von der zur testenden Seite weg. Der zu testende Arm ist im Schultergelenk abduziert und außenrotiert sowie im Ellbogengelenk in einem 90°-Beugewinkel. Als Messbereich gilt die Position des Oberarmes zur Horizontalen. Bei der Testausführung ist zu beachten: Ein Abheben des Beckens oder eine Hyperlordose in der LWS manipulieren das Testergebnis. Daher müssen Becken und LWS fixiert bleiben. Durch das Aufstellen der angewinkelten Beine kann das Becken weitgehend fixiert werden.
Hüftbeuger (M. iliopsoas)	Der Proband nimmt eine Rückenlage auf der Behandlungsliege ein. Das Gesäß schließt mit dem Rand der Liege ab. Die Beine sind im Überhang. Der Proband zieht ein angewinkeltes Bein maximal weit zum Körper heran. Das andere Bein ist im Überhang. Der Tester beobachtet die Hüftflexion des freien Beines. Als Messbereich gilt die Position des Oberschenkels im Verhältnis zur Körperlängsachse. Bei der Testausführung ist zu beachten: Ein Abheben des Beckens oder eine Hyperlordose in der LWS manipulieren das Testergebnis. Daher müssen Becken und LWS fixiert bleiben. Durch den Zug im angewinkelten Bein bis zur maximalen Hüftflexion werden Becken und LWS weitgehend stabilisiert. Zieht

Getestete Muskulatur	Normwerte	
Kniestreckmuskulatur (M. rectus femoris)	der Proband das angewinkelte Bein selbst an, so kann der Tester zusätzlich eine freie Hand unter die LWS des Probanden schieben und diesen Druck gegen die Hand ausüben lassen. Somit wird eine zusätzliche LWS-Fixierung erreicht.	
	Der Proband nimmt eine Rückenlage auf der Behandlungsliege ein. Das Gesäß schließt mit dem Rand der Liege ab. Die Beine sind im Überhang. Der Proband zieht ein angewinkeltes Bein maximal weit zum Körper heran. Das Gegenbein wird im maximal möglichen Hüftextensionswinkel durch den Tester fixiert. Nun wird dieses Bein durch den Tester in einen maximal möglichen Kniebeugewinkel geführt. Als Messbereich gilt der Winkel zwischen Ober- und Unterschenkel.
Bei der Testausführung ist zu beachten: Ein Abheben des Beckens oder eine Hyperlordose in der LWS manipulieren das Testergebnis. Daher müssen Becken und LWS fixiert bleiben.
Durch den Zug am angewinkelten Bein bis zur maximalen Hüftflexion werden Becken und LWS weitgehend stabilisiert. Die Beugung im Kniegelenk darf nicht durch die Auflagefläche bzw. die Liege behindert werden.	
Kniebeugemuskulatur (Mm. ischiocrurales)	Der Proband nimmt eine Rückenlage auf der Behandlungsliege ein. Das nicht getestete Bein ist im Hüft- und Kniegelenk in die maximal mögliche Hüftflexion geführt. Als Messbereich gilt der Winkel zwischen Beinachse und Longitudinalachse.
Bei der Testausführung ist zu beachten: Ein Abheben des Beckens oder eine Hyperlordose in der LWS manipulieren das Testergebnis. Daher müssen Becken und LWS fixiert bleiben. Ebenso muss das zu testende Bein unbedingt gestreckt bleiben. Das Gegenbein darf die Ausgangsposition nicht verlassen.	
Wadenmuskulatur (Mm. Triceps surae)	Der Proband nimmt eine Rückenlage auf der Behandlungsliege ein. Das nicht zu testende Bein steht gebeugt mit dem Fuß auf der Unterlage. Das zu testende Bein ist gestreckt. Die distale Hälfte des Unterschenkels ragt über das Ende der Liege hinaus. Mit einer Hand greift der Tester das Bein distal am Fersenbein. Die andere Hand ergreift den Fuß von der Fußaußenkante her. Der Tester übt einen Hauptzug an der Ferse aus und zieht distalwärts. Der Daumen der anderen Hand lenkt dem Vorfuß mit leichtem achsengerechten Druck zum Schienbein hin. Soll isoliert der M. soleus getestet werden, wird nach dem Erreichen der maximalen Dorsalextension das Kniegelenk gebeugt und der Tester versucht das Bewegungsausmaß zu vergrößern. Die Testauswertung kann somit differenziert nach M. gastrocnemius und M. soleus erfolgen.
Bei der Testausführung ist zu beachten: Der Druck mit dem Daumen sollte am äußeren Fußrand erfolgen. Wird in der Mitte der Fußsohle gedrückt, kann es zu einer reflektorischen Anspannung des Mm. Triceps surae kommen, welche das Testergebnis verfälscht. Es reicht nicht aus, nur die Fußsohle zum Schienbein hin zu drücken. Entscheidend ist der zusätzliche Zug an der Ferse.	

Tab. 2: Beweglichkeitstest mit detaillierter Beschreibung nach Janda (2000)

Getestete Muskulatur	Normwerte	Erreichte Werte des Probanden
Brustmuskulatur (M. pectoralis major)	Stufe 0 = Keine Defizite; Oberarm erreicht die Horizontale.

Stufe 1 = Leichte Defizite; Oberarm erreicht die Horizontale durch Druck des Testers.

Stufe 2 = Deutliche Defizite; Oberarm erreicht die Horizontale auch durch Druck des Testers nicht. | Rechts: Stufe 1

Links: Stufe 1 |
| Hüftbeuger (M. iliopsoas) | Stufe 0 = Keine Defizite; Oberschenkel erreicht die Horizontale.

Stufe 1 = Leichte Defizite; Oberschenkel erreicht die Horizontale durch Druck des Testers.

Stufe 2 = Deutliche Defizite; Oberschen- | Rechts: Stufe 1

Links: Stufe 1 |

Kniestreckmuskulatur (M. rectus femoris)	kel erreicht die Horizontale auch durch Druck des Testers nicht.		
	Stufe 0 = Keine Defizite; Unterschenkel hängt senkrecht herab.	Rechts: Stufe 1	
	Stufe 1 = Leichte Defizite; Unterschenkel ist leicht nach vorne gestreckt, durch Druck des Testers erreicht man einen 90° Kniebeugewinkel.	Links: Stufe 1	
	Stufe 2 = Deutliche Defizite; Unterschenkel ist deutlich nach vorne gestreckt, auch mit Druck des Testers erreicht man keinen 90° Kniebeugewinkel.		
Kniebeugemuskulatur (Mm. ischiocrurales)	Stufe 0 = Keine Defizite; Flexion im Hüftgelenk ist im Ausmaß von 90° möglich.	Rechts: Stufe 2	
	Stufe 1 = Leichte Defizite; Flexion im Hüftgelenk ist bis zwischen 80-90° möglich.	Links: Stufe 2	
	Stufe 2 = Deutliche Defizite; die Flexion im Hüftgelenk ist nur unter 80° möglich.		
Wadenmuskulatur (Mm. Triceps surae)	Stufe 0 = Keine Defizite; eine Dorsalextension ist mindestens bis zur 0°-Stellung möglich	Rechts: Stufe 1	
	Stufe 1 = Leichte Defizite; die 0°-Stellung wird nicht erreicht, eine Dorsalextension ist aber möglich.	Links: Stufe 1	
	Stufe 2 = Deutliche Defizite; eine Dorsalextension ist nur bis 10° unterhalb der 0°-Stellung möglich.		

Tab. 3: Testdurchführung mit dem Vergleich der Norm- und Istwerte

Keine Testung konnte ohne Defizite abgeschlossen werden. Zurück zu führen ist dies auf die nicht vorhandenen sportlichen Aktivitäten. Hinzu kommt ein sehr bewegungseingeschränkter Arbeitstag, der die Beweglichkeit ebenso nicht fördert.

3 Teilaufgabe 3 – Trainingsplanung Beweglichkeitstraining

Der Kunde wünscht sich ein Beweglichkeitstraining für den gesamten Körper. Dieses Training wird nun detailliert vorgestellt:

Übung 1: Wadenmuskulatur (M. soleus & M. gastrocnemius):
Man steht schulterbreit. Nun wird eine Dorsalflexion mit dem rechten Bein durchgeführt bis zur Dehnschwelle. Die Beine bleiben durchgestreckt und man beugt sich nach vorne hinunter und versucht mit den rechten Fingerspitzen die rechten Zehenspitzen zu berühren. Nach 30 Sekunden halten wird dasselbe mit der linken Seite durchgeführt. Insgesamt werden 2 Sätze durchgeführt. (Dehnform = passiv ; Arbeitsweise = statisch)

Übung 2: Beinbeuger (M. ischiocrurales):

Der Kunde liegt in Rückenlage auf einer Matte. Der Kopf liegt ebenfalls auf der Matte auf und die Arme sind parallel neben dem Körper. Das linke Bein wird angewinkelt und mit der Fußsohle auf die Matte gestellt. Der Trainer nimmt das rechte Bein im gestreckten Zustand und legt es auf seine Schulter (Sprunggelenk auf Höhe des Ohrs). Dabei sollte keinerlei Spannung vorhanden sein. Das Bein bleibt dauerhaft gestreckt und wird deshalb am Knie vom Trainer mit beiden Händen fixiert. Nun wird postisometrischer Druck auf die Zielmuskulatur ausgeübt und hält diese für 10 Sekunden. Danach wird für 5 Sekunden entspannt. Nun wird weiter gedehnt bis zu Dehnschwelle. Diese wird 20 Sekunden gehalten und anschließend für 10 Sekunden entspannt. Als letztes wird das gestreckte Bein bis zur Dehngrenze gedehnt, für 20 Sekunden gehalten und anschließend wieder für 10 Sekunden entspannt. Dieser Vorgang wird insgesamt 3 mal pro Bein durchgeführt. (Dehnform = postisometrisch; CHRS)

Übung 3: Beinstrecker (M. quadrizeps femoris):

Der Kunde steht auf seinem linken Bein und zieht das rechte nach hinten angewinkelt zum M. gluteus hoch. Die rechte Hand umgreift das Sprunggelenk. Dabei wird der Körper gerade gehalten und die Hüfte nach vorne geschoben. Diese Position hält man 30 Sekunden. Anschließend wechselt man die Seite. Diese Übung wird mit 2 Sätzen durchgeführt. (Dehnform = passiv; Arbeitsweise = statisch)

Übung 4: Hüftbeuger (M. iliopsoas):

Der Kunde legt sich flach auf den Rücken. Der Nacken ist gerade. Das rechte Bein wird mit beiden Händen fest an die Brust gezogen. Dabei darf kein Hohlkreuz entstehen. Das linke Bein bleibt gerade und flach ausgestreckt am Boden liegen. Diese Position wird für 30 Sekunden gehalten und dann wird die Seite gewechselt. Hier werden ebenfalls 2 Sätze durchgeführt. (Dehnform = passiv; Arbeitsweise = statisch)

Übung 5: Rückenstrecker (M. erector spinae lumbalis):

Der Kunde liegt in Bauchlage auf einer Matte. Arme und Beine sind parallel und jeweils gerade nach vorne (Arme) bzw. nach hinten (Beine) gestreckt. Nun werden Arme und Beine nach oben bewegt, sodass nur noch das Becken aufliegt. Nach einer Streckung von 2 Sekunden wird die Ausgangsstellung wieder eingenommen und 1 Sekunde pausiert. Diese Übung wird in 2 Sätzen mit 10 Wiederholungen durchgeführt. (Dehnform = passiv; Arbeitsweise = dynamisch)

Übung 6: Gesäßmuskel (M. gluteus maximus):
Der Kunde liegt in der Rückenlage auf einer Matte. Dort werden die Beine übereinander geschlagen, so dass ein Fuß quer auf dem anderen Oberschenkel aufliegt. Mit den Händen um die Kniekehle des nicht quer liegendem Fußes ziehen wir nun den Oberschenkel kräftig in Richtung Brust und halten diese Position für 30 Sekunden. Anschließend wechseln wir die Beine. Es werden 2 Sätze durchgeführt. (Dehnform = passiv; Arbeitsweise = statisch)

Übung 7: Breiter Rückenmuskel (M. latissimus dorsi):
Der Kunde befindet sich im schulterbreiten Stand. Die Arme finden über dem Kopf zusammen und die Finger greifen ineinander. Nun wird der Oberkörper möglichst weit nach rechts geneigt, für 30 Sekunden gehalten und anschließend nach einer kurzen Pause nach links geneigt. Auch hier sind 2 Sätze durchzuführen. (Dehnform = passiv ; Arbeitsweise = statisch)

Übung 8: Brustmuskulatur (M. pectoralis major):
Der Kunde befindet sich im schulterbreiten Stand. Die Arme werden nun auf Schulterhöhe komplett ausgestreckt und schwunghaft nach hinten bewegt. Dies wird für 30 Sekunden durchgeführt und nach einer kurzen Pause erneut in einem zweiten und letzten Satz ausgeübt. (Dehnform = aktiv; Arbeitsweise = dynamisch)

Übung 9: Nackenmuskulatur (M. trapezius pars descendens):
Der Kunde steht mit geschlossenen Beinen und eng angelegten Armen in Position. Der Kopf wird seitlich nach rechts bewegt bis eine Spannung im linken Nacken wahrgenommen wird. Anschließend wird das linke Handgelenk seitlich weg gespreizt um den Dehneffekt zu verstärken. Nach 30 Sekunden halten wird der Kopf seitlich nach links bewegt und das rechte Handgelenk weg gespreizt. Je Seite im Wechsel zu je 2 Sätzen. (Dehnform = passiv; Arbeitsweise = statisch)

Übung 10: Schultermuskulatur (M. deltoideus):

Der Kunde steht schulterbreit und hält den Arm der zu dehnenden Seite waagerecht vor die Brust und greift mit der Hand des anderen Armes seinen Ellbogen. Nun drückt man den Arm am Ellbogen in Richtung der Brust. 30 Sekunden halten, anschließend mit dem anderen Arm durchführen. Auch hier wieder 2 Sätze zum durchführen. (Dehnform = passiv; Arbeitsweise = statisch)

Übung	Methode	Häufigkeit	Sätze	Intensität	Dehndauer im Satz	Wdh. im Satz
1. Wadenmuskulatur	passiv-statisch	2x pro Woche	2	mittel	30 Sekunden	-
2. Beinbeuger	postisometrisch (CHRS)	2x pro Woche	2	hoch	30 Sekunden	-
3. Beinstrecker	passiv-statisch	2x pro Woche	2	mittel	30 Sekunden	-
4. Hüftbeuger	passiv-statisch	2x pro Woche	2	mittel	30 Sekunden	-
5. Rückenstrecker	passiv-dynamisch	2x pro Woche	2	hoch	-	10
6. Gesäßmuskel	passiv-statisch	2x pro Woche	2	mittel	30 Sekunden	-
7. Breiter Rückenmuskel	passiv-statisch	2x pro Woche	2	niedrig	30 Sekunden	-
8. Brustmuskulatur	aktiv-dynamisch	2x pro Woche	2	niedrig	30 Sekunden	-
9. Nackenmuskulatur	passiv-statisch	2x pro Woche	2	niedrig	30 Sekunden	-
10. Schultermuskulatur	passiv-statisch	2x pro Woche	2	niedrig	30 Sekunden	-

Tab. 4: Belastungsgefüge der Einheit

Da sich der Kunde eine Dehnung des ganzen Körpers wünscht, wurde auf eine breite Fächerung der Übungen geachtet. Durch die sitzende Tätigkeit liegt der Schwerpunkt leicht auf den Beinregionen. Da man mit zunehmender Aktivität ermüdet, werden zuerst die Übungen mit mittlerer bis hoher Intensität durchgeführt, anschließend die mit niedrigeren Intensitäten.

4 Teilaufgabe 4 – Trainingsplanung Koordinationstraining

Koordinationsübung 1: Beidbeiniger Stand auf stabiler Unterlage:

Der Kunde steht hüftbreit in einer leichten Hocke. Der Rücken ist in natürlich gekrümmter Form. Der Trainer übt durch leichtes Schubsen an verschiedenen Stellen des Oberkörpers Störfaktoren aus. Der Kunde muss diese ausgleichen und reagieren um das Gleichgewicht zu halten. Diese Übung besteht aus zwei Ausführungen, einmal mit geöffneten Augen und einmal mit geschlossenen Augen.

Koordinationsübung 2: Beidbeiniger Stand auf instabiler Unterlage(BOSU Balance Ball:

Übungsablauf und Ausführungsvariationen siehe Koordinationsübung 1.

Koordinationsübung 3: Einbeiniger Stand auf stabiler Unterlage:

Der Kunde steht auf einem Bein, welches minimal gebeugt ist. Der Rücken ist in natürlich gekrümmter Form. Der Trainer übt durch leichtes Schubsen an verschiedenen Stellen des Oberkörpers Störfaktoren aus. Der Kunde muss diese ausgleichen und reagieren um das Gleichgewicht zu halten. Diese Übung besteht aus zwei Ausführungen, einmal mit geöffneten Augen und einmal mit geschlossenen Augen.

Koordinationsübung 3: Einbeiniger Stand auf instabiler Unterlage (BOSU Balance Ball:

Übungsablauf und Ausführungsvariationen siehe Koordinationsübung 3.

Koordinationsübung 4: Wechselhafter einbeiniger Stand mit Ballfangen auf instabiler Unterlage (BOSU Balance Ball):

Der Kunde steht erneut schulterbreit auf dem BOSU Balance Ball. Nun wird dem Kunden vom Trainer ein Ball zugeworfen, welchen er fangen soll. Zusätzlich ruft der Trainer willkürlich „links" oder „rechts" um dem Kunden zu signalisieren auf welchem Bein er stehen muss, während er den Ball fängt und zurück wirft.

Koordinationsübung 5: Wechselhafter einbeiniger Stand mit Ballfangen auf instabiler Unterlage (BOSU Balance Ball):

Der Kunde steht erneut schulterbreit auf dem BOSU Balance Ball. Nun wird dem Kunden vom Trainer ein Ball zugeworfen, welchen er fangen soll. Zusätzlich ruft der Trainer willkürlich „links" oder „rechts" um dem Kunden zu signalisieren auf welchem Bein er stehen muss, während er den Ball fängt und zurück wirft. Nun kommt hinzu, dass die Augen bis zum Kommando geschlossen bleiben müssen.

Koordinationsübung 6: Sprung von mehreren aneinandergereihten BOSU Balance Bällen auf den nächsten mit Richtungswechsel

Es sind drei BOSU Balance Bälle nebeneinander aufgestellt. Der Kunde steht auf dem mittleren. Der Trainer ruft nun „links" und „rechts" willkürlich, um dem Kunden zu signalisieren auf welchen Ball er als Nächstes seitlich springen soll.

Koordinationsübung 7: Sprung von mehreren aneinandergereihten BOSU Balance Bällen auf den nächsten mit Richtungswechsel und Ball fangen

Ablauf und Aufbau wie in Übung 6, jedoch wirft der Trainer zusätzlich dem Kunden noch einen Ball zu, welchen er fangen und zurückwerfen soll.

Koordinationsübung 8: Ball prellen mit beiden Händen auf einer instabilen Unterlage (BOSU Balance Ball):

Der Kunde steht auf dem BOSU Balance Ball und bekommt einen Ball zum prellen. Hierbei soll er mit beiden Händen ein Dreieck bilden und den Ball 20 mal prellen ohne diesen zu verlieren oder das vom BOSU Balance Ball zu fallen.

Koordinationsübung 9: Ball prellen links & rechts abwechselnd auf einer instabilen Unterlage (BOSU Balance Ball):

Übungsablauf siehe Übung 8. Jedoch wird nun im Wechsel mit links und rechts geprellt. Erneut sollte der Ball 20 mal geprellt werden.

Koordinationsübung 10: Ball nach vorne halten auf instabiler Unterlage (BOSU Balance Ball):

Der Kunde steht in selbiger Position wie in den Übungen davor auf dem BOSU Balance Ball. Diesmal bekommt er den Ball in die Hände und soll diesen mit durchgestreckten Armen in einer leichten Hocke nach vorne halten. Der Trainer zieht oder drückt leicht am Ball. Um den Ball somit nicht fallen zu lassen muss der Kunde stabil bleiben und mit dem Rumpf ausgleichen.

Übung	Häufigkeit pro Woche	Sätze	Satzpausen
Koordinationsübung 1	1x pro Woche	1	30 Sekunden
Koordinationsübung 2	1x pro Woche	1	30 Sekunden
Koordinationsübung 3	1x pro Woche	1	30 Sekunden
Koordinationsübung 4	1x pro Woche	1	30 Sekunden

Koordinationsübung 5	1x pro Woche	1	30 Sekunden
Koordinationsübung 6	1x pro Woche	1	30 Sekunden
Koordinationsübung 7	1x pro Woche	1	30 Sekunden
Koordinationsübung 8	1x pro Woche	1	30 Sekunden
Koordinationsübung 9	1x pro Woche	1	30 Sekunden
Koordinationsübung 10	1x pro Woche	1	30 Sekunden

Tab. 5: Belastungsgefüge des Koordinationstrainings

Erneut zurück zu führen auf die berufliche Tätigkeit des Kunden werden vermehrt Koordinationsübungen gewählt, welche intensiver das Gleichgewicht im Unterkörper fordern. Da der Hauptwunsch des Kunden die Dehnung war, welche bereits durch 2 Einheiten pro Woche abgedeckt ist, wurde für die Koordination die dritte Einheit gewählt.

5 Teilaufgabe 5 – Literaturrecherche

	Studie 1	Studie 2
Wer hat die Studie durchgeführt?	Rodney Peter Pope, Robert Dale Herbert, John Dennis Kirwan, Bruce James Graham	Donald E. Hartig, John M. Henderson
In welchem Jahr wurden die Studien publiziert?	2000	1999
Mit welchen Versuchspersonen wurden die Studien durchgeführt?	- 1538 Männer - Alter von 17 bis 35 Jahre	- 298 Männer - Alter von durchschnittlich 20 Jahren
Wie sah der Versuchsaufbau der Studien aus?	Zufällige Aufteilung in 2 Gruppen: - 1. Dehngruppe (735 Männer) - 2. Kontrollgruppe (803 Männer) Vorfelduntersuchungen wurden durchgeführt. Beide Gruppen hatten ein 4 Minuten Workout, jedoch hat die Dehngruppe noch ein zusätzliches statisches Dehnprogramm absolviert.	Aufteilung in 2 Gruppen: - 1. Kontrollgruppe (148 Männer) - 2. Interventionsgruppe (150 Männer) Im Vorfeld wurde die Kniebeugemuskulatur mittels eines Beweglichkeitstests getestet. Die Kontrollgruppe dehnte sich herkömmlich, die Interventionsgruppe darüber hinaus 3x tägliches Dehnprogramm
Welche relevanten Ergebnisse und Schlussfolgerungen lieferten die Studien?	333 Verletzungen. Davon 158 aus der Dehngruppe, 175 aus der Kontrollgruppe. Resultat: Es gibt keine signifikanten Ergebnisse die belegen, dass ein statisches Dehnprogramm als Verletzungsprophylaxe dient.	- 270 Männer beendeten die Studie erfolgreich. 43 Verletzungen in der Kontrollgruppe, 25 Verletzungen in der Interventionsgruppe Die Verletztenanzahl war in der Interventionsgruppe signifikant weniger als in der Kontrollgruppe

Tab. 6: Effekte des Dehnens im Hinblick auf eine Verletzungsprophylaxe

6 Literaturverzeichnis

Studienbrief „Trainingslehre III" (rev.16.018.000) 2017

http://www.juhle.de/dehnuebungen/

(abgerufen am: 03.05.2017 um 13:18 Uhr)

Studie 1: http://andrewvs.blogs.com/files/stretching-to-prevent-injury.pdf

(abgerufen am: 06.05.2017 um 17:52 Uhr)

Studie 2: http://journals.sagepub.com/doi/abs/10.1177/03635465990270021001

(abgerufen am 07.05.2017 um 16:22 Uhr)

7 Abbildungs- und Tabellenverzeichnis

7.1 Tabellenverzeichnis

Tab. 1: Allgemeine Personendaten	Seite 3
Tab. 2: Beweglichkeitstest mit detaillierter Beschreibung nach Janda (2000)	Seite 3 f.
Tab. 3: Testdurchführung mit dem Vergleich der Norm- und Istwerte	Seite 4 f.
Tab. 4: Belastungsgefüge der Einheit	Seite 8
Tab. 5: Belastungsgefüge des Koordinationstrainings	Seite 10 f.
Tab. 6: Effekte des Dehnens im Hinblick auf eine Verletzungsprophylaxe	Seite 11

BEI GRIN MACHT SICH IHR WISSEN BEZAHLT

- Wir veröffentlichen Ihre Hausarbeit, Bachelor- und Masterarbeit

- Ihr eigenes eBook und Buch - weltweit in allen wichtigen Shops

- Verdienen Sie an jedem Verkauf

Jetzt bei www.GRIN.com hochladen und kostenlos publizieren